여뀌의 나들이

宋娟羽 두번째 시집

도서출판 경남

여뀌의 나들이

序詩

몸에 난 상처는
약 먹고 바르면
시간의 흔적 속에
절로 아물어든다

그러나 마음의 깊은 상처는
겉으로는 드러나지 않으나
어쩌면 한평생 걸릴지도 모른다

갈등과 증오에서 헤쳐 나올 길은
시詩를 쓰는 일
쓰고 지우는 일뿐

깊어가는 밤 허기가 져도
궂은 일 좋은 일 행여 잊을라
나는 오늘도 쓴다
이것이 나를 치유하는
귀한, 유일한 비법秘法이기 때문이다

| 차 | 례 |

제2부 일출

제3부 날으는 무늬

제4부 스물다섯 이후

제1부 첫술

입 춘

풀린 강물의 튼 살 사이로
풀잎의 태동이 시작되고

매화 산수유 여린 가지 비벼 대며
날빛이 틔우는 꽃눈
꽃샘바람의 문턱에서 활짝 펴보는
기지개

검불 같은 손등에
숨어서 흐르던 봄의 노래가
한 다발 정맥으로
가시처럼 퍼렇게 일어나고 있네

사랑초의 사랑

돌담 밑
좁은 자리
수줍은 분홍빛

♡

그늘의 새새틈틈에서도
너는 웃는다

꽃에도 심장이 있어

누군가를 사랑하는 기쁨에
두근두근 가슴 뛰는 소리

첫 술

이팝나무에게
대문 앞
두서너 평 땅을 내어주고

볼 때마다 푸른 등줄기 두드려 주었더니
점점 그늘이 넓어졌다
그늘에 앉아
나무가 들려주는 이야기에
내 귀는 파랗게 물든다

올봄
나를 위해
그녀가 첫 밥을 짓는다

햇살로 뜸들인
눈부신 쌀밥에
풋나물 향기 버무려 내놓는다

그녀가 차려준 푸짐한 밥상
주린 눈이 먼저 첫술을 뜬다

탄생기

오월이 오월을 낳고
유월이 유월을 낳듯이

새들도
목숨을 걸고 알을 품네
풀둥지 속에서
옴죽옴죽 실핏줄 새끼가 눈을 뜨네
나무의 푸른 팔이 가리개가 되네

숲의 푸른 기운을
수혈 받는 새끼들
눈동자가 초롱초롱해지더니
옹알이가 늘어나네

금계 새끼며
오목눈이 딱새 까치
응석을 받아주는
오월의
유월의 젖줄이 탱탱 부풀어 오르네

봄은 꽃을 들고 온다

이른 봄이
산수유 개나리 여린 목을 흔들어 댄다
개나리 노란 종소리 한 보름 울리자
백목련 환한 얼굴로 오시고
동백이 붉은 입술로 동박새와 밀회하는 틈에
늘어선 연분홍 벚꽃 입술 열린다
참았던 말이 터진다
뜨거운 수다가 한창이다
뒷짐 지고 섰던
박태기 라일락 자목련 수사해당화 처녀꽃들 우르르 일어선다
봄볕이 마른 가지를 비벼 대니
모란도 저절로 입이 열린다
저 목홍빛 열변!
봄은 너울너울 나비같이 오고
비알진 산속 진달래 여린 귀를 간질인다
얼마나 기다렸던가
꽃과 어울려 차린 즐거운 한상
딸이 꺾어온 복숭아꽃 가지
속 맑은 병에 꽂아 놓으니 마음조차 꽃물이다

봄 비

목련 주목 분단화 철쭉 향나무
지금 한창 빗소리와 협연 중이다
자동차의 경적 소리도 이따금
잎과 빗방울이 몸 비비는 소리
서걱서걱 대나무 잎이
창가에 서성이는 내 잠을 어루만지며
조용조용 자장가를 부른다
후두둑 등을 두드리며
악보도 없이
저렇게 신바람나게 노래를 부르고 있다
널빤지 돌계단 양철지붕 비닐하우스도
나직이 화음을 맞추고
울타리 옆 가로등 불빛이
고개를 떨구고 경청하고 있다

봄의 정원

차디찬 손이
봄볕을 내려놓는다
흙덩이를 퍼내는 삽날에 살풋살풋
아지랑이가 묻어오르고

나무의 가장자리마다
가락지를 끼우듯
둥글게 둥글게
곰삭힌 거름을 듬뿍 넣는다

봄볕에 젖는 나무의 푸른 가슴
차마 눈이 부시다
흙에 쓰는 푸른 연서
마음 귀퉁이가 환해온다

재잘재잘 날아든 산새들
봄의 근원을 쪼아먹고
포동포동 살 오르는 저 소리

꽃샘바람의 손이
차라리 따습다

박씨알 은빛 꿈을 꾼다

지난 늦봄
박 육묘 몇 포기 심은 자리에
풀벌레 울음 타고 내려온
달빛
골고루 제 몸을 풀어 놓는다
자갈돌 모여 사는 밭두둑

날마다 둥실
여물어가는 달 한 덩이
그날 밤 현기증이 나도록
그윽이 가슴에 차고 넘치던
연인이었다

세상의 눈어림으로는 잴 수 없는 거리
사랑하면 멀리 있어도 가깝고
진솔 없으면 가까움도 천리이다
누군가의 봄을 위해
챙겨 놓은 박 씨알 몇 개
꼭꼭 서랍장에 등 두드려 재운다

상사조相思鳥를 생각함

바다 건너
먼 나라에서 날아온 새야
입술이 붉구나

다시는 만날 수 없는
그 사랑
네 노래는 피 묻은 울음이네

여린 목청은
깃 푸른 바람 소리
새벽을 깨우던 물방울 소리
담 넘어오는 대피리 소리

목소리가 고와
불행한 운명을 울어야 하는
새야
그 울음에 가슴이 아리네

유월 숲에

솔숲과 대숲을 오가는
직박구리 참새 오목눈이 까치 딱새
어린 새와 어른 새들
찌찌찌 비삐비삐……
소리와 소리가 어우러져
파랗게 숲이 젖어드네
광나무 청목 금목서 은목서
윤깔나는 이파리 사이
반짝 바람이 스치네
푸른 나무들은
온갖 새들의 집터를 내어주면서
외롬도 잊는다네
서늘한 바람은 풋잠을 깨우고
나무들은 해거름에
그림자를 늘려
제 키보다 높은 시를 쓰고
나는 곁에 누워
잠결에도 내 생生의 제목을 생각했던가

들녘이 나를 가르치다

사열 중이다 지금 한창
일제히 차렷!
콩밭 부추밭 꽃밭도 자로 잰 듯
종대 횡대 똑바르다
이 농촌 아낙네 남정네
마음이 곧은가 보네
어릴 때부터 바르게 잘 가르쳐
차례가 있고 위아래가 있으니
두부모처럼 반듯한 논과 밭
푸른빛 누벼 가니 살맛이 나네
땀 흘리며 뼈마디 녹아내려도
농부들은 세상의 법을
자연의 이치처럼 알고 지키네
그 정성을 받아먹는 사람은 마음에 살이 올라
여름 들판에 서면 절로 배가 부르네
솟음치는 풀빛으로 살라는
교과서 첫 단원 읽고 가네

사랑의 이름으로

천남성, 노루귀, 타래난꽃, 사초

온실 안에 발을 쳐 그늘 내려주고
분무기로 씻겨 준 온몸
길들여진 시간의 꽃들

내 손길 안에서
조인 숨 천천히 풀어놓는 사이
푸른 산 고향 생각에
몸져눕는 애기별꽃
물을 주고 다독여
세상 더불어 사는 법 조근조근 일러주어도

뻐꾸기 산비둘기 목멘 울음
푸른 숲 황홀하게 누빈 상처가
내 작은 위로로는 씻기지 않는지
고향 떠난 설움이
좀체 아물지 않는가 보다

사랑밭

사면이 투명한 플라스틱 자궁 안
이따금 태동이,
마침내 알이 움직인다 스무 사흘째
나는 지금 가냘픈 생명의 주파수를 해독하는 중이다
산파의 떨리는 손에 알이 반으로 갈라지고
성냥개비만 한 목숨 한 줌

날로 앙센 꺼병이
뒤뜰 어미 곁에 들여놓자
핏줄을 아는지 쪼르르 달려가며
간지러운 소리로 어미를 부른다

진자리 안쓰러워 품 안으로 부르는
꿩! 꿩!
애마른 어미 소리 들으면
대리모에서 태어난 앞집 무남독녀가 생각난다
마른 젖 한 모금 넘기지 못한 채
젖줄기 강을 울며 건너와
새엄마 손에서 곱게 자라 애동색시 되고

작은 씨앗 한 알이
어미의 밭에 발을 묻었다

풍경 한 점

물 위에 점점이 저 흰꽃들

왜가리 서너 마리
한여름 땡볕을 한입씩 베어 물고
사뿐 물 위에 내려앉으니

바람에 일렁이는
청보리밭 물결 사이사이
하얀 꽃잎이여
꽃잎 같은 새여

내 마음 그늘의 벽에
오래오래 걸어 둘
풍경화 한 점

포 도

무서움 타는 어린것들
달래어 그물 위에 올린다
올곧게 붙들어 버릇을 들인다

시키는 대로 줄을 타는
순한 넝쿨
일일이 손잡아 길 일러주고
알들이 포동포동 살 오를 즈음
풍뎅이 벌의 잔입질 막느라
종이 홑이불을 덮어씌운다

그때야
자다가 깨다가
여물어 가는 부끄러운 유두

넝쿨에 드리운
검은 자줏빛
알알의 침묵이 뜨겁다

네 안에 고인 피가 다디달리라

민들레 홀씨 날다

한나절 골목길 둥둥 떠다니는
민들레 씨앗
명주실 목숨이
가을바람에 하늘거린다
추를 달고
열기구같이 떠오른다

돌 틈새 쪽잠 자던
노숙의 삶이여
허공을 밟고 맘껏 날아라
발 닿는 곳이 네가 설 땅이다

부옇게 날아오르는 무리, 무리들
일제히 숨겨둔 날개를 꺼내
마침내 떠나는 방랑의 길

잠깐 꽃으로 피었던 몸이
바람보다 가볍다

왕대나무와 직박구리

직박구리 한 마리 날아와 앉으니
왕대나무 한껏 몸을 굽힌다
새울음에 뼈가 휘는 대숲
시퍼런 죽지뼈에
하얀 구름이며 바람도 쉬어가고

사는 일은 혼자 가는 길
백로 새끼도 띄엄띄엄 수색대원처럼
푸른 논을 훑는다

들판엔 한낮의 파문이 일렁이고
나뭇가지 차곡차곡 디디며
발로 세상을 읽는 새들

이 계절 잠시 피로를 털어내고
두근거리는 대숲 위
직박구리 낭랑한 고음에
한더위가 흔들린다

갈 대

무논 건너 인적 드문 늪에
찢어진 깃발, 깃발들

사랑하는 나의 영토에
발 적실 백조 한 마리 돌아오지 않고
뱃노래 올리는 그리움의 파도도 없이
무심한 땅과 하늘 사이

고달픈 바람만이 가득히
여윈 뼛골에 쌓인다
아무 때나 일어나는 북풍
끝없는 속울음에 내 생이 젖는다

세상 그 끝 날은 아무도 알 수 없지만
이 늪에 발 묻은 갈대는
내 고독의 마지막 증인이겠지

은행잎 지네

가슴 앓아 쓴 노란 편지
수취인 부재로
잎사귀마다 눈물 그렁거린다

사랑한다 사랑한다
발아래 무참히 허물어지는 것들
떠나는 뒷모습의 아름다움을
그대를 위해 바치는데

너와 눈웃음 주고받던 길
한 자루의 슬픔이 불룩한
가을 깊은 오후에
한 수행자의 고행을 묵묵히 바라볼 뿐

나뭇잎이 발등을 덮는다

내 결벽증이 발동하는 날이면
나무 밑을 빡빡 비질을 하는데
그 곁에 잔뜩 겁을 먹고 옴츠러드는 가지들

옆에 선 대나무 목련나무
비질 좀 그만하라고
발 시리고 배고프다고 구시렁거린다

시든 잎이 나무의 이불이라고

그 발아래 머문
마른 잎새 잎새들
제 몸 사위어 이불 짜기에
하루해가 짧다

절 정

소슬바람 산에 불붙이네
여름의 푸른 기백 사그러들고
붉고 노란 손사래에
사람들이 두런두런 모여드네
떠날 채비에
앙상히 말라가는 손
종일 마음 갈피 뒤지며
제 안의 젖은 그림자들 말끔히 태우네
시시각각 번져가는 생生의 노을
가볍게 손을 놓아주는
슬픔의 절정
여기저기 가을의 울음이 타네

제2부 일출

감식초

가을볕에 태운 알감의 붉은 꿈

항아리 속 무거운 적막 두르고

몸을 깎는다 마음을 다진다

스스로 제 떫은맛 삭히느라

어둠을 약으로 삼킨다

부글부글 솟는 신맛이 혀를 두드린다

침이 고인다

천천히 그물망을 통과한 맑은 시간

요람인 듯 흔들어 본다

잘 익은 노을 한 항아리

태산목

절묘한 이름답게
허공에다 산을 짓는다
숱한 새소리 받아먹어 막 몸이 부푸는 중
방 안으로 나무의 입김이 왁자하다
정원사가 이 가지 저 가지
톱 가위 칼까지 동원시켜
싹둑질한다
그 와중에도 위풍당당
아무리 목이 말라도 내색 않는
산여래
날마다 새들이 들락날락 똥을 갈겨도
첫새벽부터 난다긴다 부산을 떨어도
꿈쩍도 않는다
가슴에 그윽한 향기를 펴내는
유월은
부처 앞에 올린 옴자떡처럼
태산 같은 가슴에서 김이 오른다

찢어진 풍경

퍽!
목련나무에서 느닷없이 떨어진 검은 물체
아! 어미 까치다
아직 숨이 붙어 있다
농약 묻은 먹이를 먹었는지
온몸을 파르르 떤다

주사기에 드링크를 넣어
입 안을 적셔본다
뜰 안 새끼들의 울음이
소나무 위에서 찢어진다

두어 시간이 흘러갔을까
어미는 눈을 못 감고
물기를 털듯 힘겹게 마지막 날갯짓을 한다

새끼들의 깃털 속에 위로하듯 햇살이 숨어들고
몸을 떨던 백목련 한 그루
아무 일도 없었던 듯
다시 고요 속으로 든다

동백꽃 소녀

직박구리 서너 마리
동백나무에 앉아
갓 피기 시작한 보드라운 속살을
꽃 같은 시간을
긴 주둥이로 몽땅 파먹고 있다

어느 소녀의 짓밟힌 순결을 생각한다

저놈 잡아라 소리칠 새 없이
미루나무 높은 가지로 날아가는 척
되돌아와 전봇대 꼭대기서 키이~ 키이~
기염을 토하는 새

동백나무 속으로 들어간
어린 소녀를 감싸며
명지바람이 나무 밑을 맴돈다

아픈 꽃들이 떨어져 내려
동백나무 발등이 온통 핏빛이다

자목련

너를 내 뜰에 옮겨 심은 지 서른 해
네 수발을 드는 동안
어쩔 수 없이 네 마음을 읽었다

댕, 댕, 댕
제 몸을 치며 우는 핏빛의 한

봄바람에
갈래갈래 찢기는
종소리

외로운 황홀이 태워 올린
한 송이 불꽃의 의미를

할미꽃과 유모차

시멘트 바닥 금간 좁은 골목길
허리앓이만 가득 태운 유모차 하나
할머니를 붙들고 간다
봄 햇살 춤을 추다가
하얀 머리카락 위 비스듬히 눕는다
환하게 피어나는 할미꽃 한 송이
쌓여온 세월이 무거워 휘어진 허리에
거친 숨소리
늙은 유모차도 헉헉거린다
놓치면 넘어질세라
자꾸만 굽어지는 세월 움켜잡고
덜컹덜컹 할머니가 굴러간다

까치집에 조문하다

소나무 우듬지에 까치 부부가 사나흘 동안
긴 가지 짧은 가지 지푸라기 풀줄기
젖은 흙을 물어다 지은 외딴집
늘 푸른 솔의 위풍을 믿고
알을 품었을까
해산한 지 하루가 지난 오후
동네 까치가 떼거지로 몰려와 울부짖는다
갑자기 슬픔의 도가니로 변해버린 소나무 정수리
핏덩이를 잃어버린 어미의 몸부림이
소름끼치게 가슴에 내리꽂힌다
그때
어슬렁 어슬렁 내려오는 침입자 들고양이
햇솜처럼 따스한 사랑의 둥우리를 난도질해 놓고
울타리 밑으로 눈 깜짝할 사이에 사라진다
빈집의 적막 속에
검은 조화 한 송이 아프게 꽂혀 있다

유리성

바벨탑이
한강 강바람에 땀을 말리고 있다
오직 더 높은 곳을 향하여!
63빌딩 유리 절벽에
저녁 해가 아슬히 걸려 있다

하늘의 별도 딸 듯
별빛 같은 생각을 쥐었다가 흩뿌리는
유리성 안의 사람들, 노아의 대홍수는
네 안의 어둠이겠다

창마다 켜지는 생각의 불빛
땅 위의 흙냄새 풀냄새 멀어가고
사람과 사람 사이 따스한 언어들
아득해 지는데

울음도 범벅이 된 채
몸 부풀리기에 바쁜 도시
욕망의 자락을 물고 늘어서 있다
키 재기를 하다가 강가로 산기슭으로
빈틈없이 빼곡히 차올랐다

도서관에서

빼곡하게 꽂혀 소곤대는 옛이야기들
천년 전 말씀의 꽃 이파리
바람마저 싱싱하게 살아 있네

밭고랑에 엎드린 농부처럼 잠잠히
책갈피 뒤져가며 무언가 캐어내네
등 돌렸다가 다시 와도 늘 그 자리 기다려주는
생각이 숨어 있는 숲,

책갈피 속에서 깨단하면
후끈 몸이 달아오르네

마음의 눈 조금씩 열리고
등불이 또 하나의 등불을 켜고
늦은 길을 밝히네

마르지 않는 샘물이 흐르고
사시사철 푸른 숲 속에 앉아
흐린 눈 씻고 또 씻고 싶네

야 화

칠흑의 땅에
쉴 새 없이 피었다 시드는
불의 꽃

하늘에선 별빛 등이 켜지고
도시의 전광판엔
빨강 하양 살아 움직이는
빛의 꽃들

얼마나 많은 웃음이 울음이
피어날까 이 밤

저 어둠을 살라먹고
시인은 살아난다
꽃의 말을 받아적는 불면의 밤

지난밤도 누군가
어두운 세상을 향해 글썽거렸던가
내 안에 고인 슬픔을 꽃이라 불렀던가

노인석, 슬픈

콩나물시루에
승객을 또 태운다
비좁은 틈을 비집고
버스 안을 두리번거리는 할아버지
가까스로 손잡이를 잡고 서서
노인석에 앉은 학생을 나무란다

"노인석이란 글자도 모르냐?"

꼼짝도 않는 학생
옆에 선 중년 남자도 한마디 거든다

"소젖을 먹고 자라 사람 글을 알아야지"

그러거나 말거나 학생은 부처처럼 앉아 있다

가시 돋힌 말만 골라 하는 어른들
반항하는 십대의 마음을 알까
까슬까슬 종일 입 안에 모래알이 씹힌다

만원버스를 타보면 안다
늙음이 자랑스럽던 때는
이미
호랑이 담배 피우던 시절 얘기라는 것을

분 수

긴, 어두운 동굴을 지나
불쑥 치솟네
하늘 높이
다발다발 수정렴 드리우네

저 허공의 작은 방울꽃
종일 꿰어도
와르르 헤어지는 물의 살

춤추며
돌고 도는 그리움
끝내 참지 못하고
울컥 쏟아내는 은빛 울음 덩어리

아무리 뛰어도 제자리걸음 하는
속푸념
허공에 한바탕 춤사위 흐드러졌네

일 출

남빛 비단 자락을 휘어잡고
몸부림치더니
잠자던 파도가 일어나고
바다의 자궁이 출렁인다

난산에 시달린 흔적도 없이
치솟는 싱싱한 알몸 하나
황금빛 놀바람이
둥개둥개 어른다

안개의 품에 안겨
먼 하룻길 첫걸음 떼는
저 눈부신 햇덩이

쪽빛 말씀

고성 동진대교 아래 바닷목을 들여다보면
그림 같은 물너울
거기 두 배의 봄이 있다
나지막한 앞산 등에 업힌
양지꽃 남산제비꽃 수사해당화 윤판나물
동그란 봄노래 소리가
뒷산에 걸린 이내처럼 나를 들뜨게 한다
하얀 파도를 끌어오는 통통배 한 척
해넘이에 겨우
봄도다리 한 마리 낚아오는 어부의 가난한 귀항을
언덕에서 맞이하는 싸리나무의 하얀 손
어느 고독한 영웅의 푸른 산더미 같은 기백이
녹아든 바다
때때로 미로 같은 해안선 따라
통쾌한 전략을 띄웠으리라
찰랑거리는 물결은 바람자락을 잡고
잎잎에 이슬로 앉아 기다림에 죄어든 꽃
수백 번 들어도 시원한 쪽빛 언어들

충주 호수에서

산이 깊어
눈물도 깊은가
옥순봉 구담봉 산 그림자 품고
천년 사랑에 빠졌네
수심 속에 무심히 돌 하나 던지니
잠시 흔들렸다 다시 조용해진 거기
오색 별밭을 이루고
새 한 마리 살포시 밭이랑을 오가며
부스러기 별을 가슴에 주워 담네
온몸으로 산굽이를 깎고
호수가 삼켰다가 뱉어낸 복새 위
온갖 풀잎 발을 붙이게 하는
네 손길 섬세해 내가 놀랐네
보고 싶어 먼 길
산 돌아 고개 넘어 찾아온
그 마음 아는지
떠날 때 또 눈물 글썽이네
가면 다시는 못 올 길처럼

동해에서

당신은 내게
한 장의 두루마리로
그 푸른 세월을 읽어주셨습니다
뜨겁고 격렬하게
때론 잔잔하게

온몸의 피가 출렁입니다

발목에 매달아주는
파도의 하얀 꽃

밀물처럼 내 안에 드는 당신
호젓한 꿈속 함께 걷다가 문득 뒤돌아보면
갈매기의 흰 발자국
까치놀 속으로 떠가고 있습니다

동판 저수지

동판 저수지가 품은
가월加月동네, 길목에 서면
물버들 사이
수렁에 묻혔던 내 꿈
은빛 별무리로 돋고 있네
물이랑을 가르는 새와
이름 모를 벌레
잠시 쉬었다 가는
신선한 향기 사철 감돌아
분명 신전神殿이네

어느 해 물 기근에 떠난 고니 떼
기다림에 속이 썩어 문드러졌더니
그 외로움 삭아 오히려 싱싱하네
물가 풀덤불 속 검정빛 물닭
간간이 들리는 가냘픈 울음소리
기어이 건너가지 못하고
고요만 끝없이 키운 저 물속
또 하나의 햇뽀얀 황홀이

장복산 시루바위

산꼭대기에 누군가 시루를 걸고
별을 찐다
시루봉
꽃구름 별 익는 냄새

촛불을 켜고
바위를 타고 오른 소원과 기도
지성껏 내려놓으면
모두 품 안으로 거두어
계곡에 하얀 김이 오른다
안개꽃이 너울거린다

저 아래 웅천 바닷바람
산으로 밀려와
훈김마저 걷어내는 한나절
갯바람이
군데군데 귀떨어진 시루를 툭툭 친다

바위에 기대앉으면 어느새
떡집 문전인 듯 줄을 섰던 행렬도 사라지고

차디찬 적막뿐
침묵의 따스한 손이 내 시린 등에 얹히는데

세월의 멀미가 가라앉고
나는 빈 시루처럼 고요해진다

손등에 노을 앉히고

한내는 내 어린 시절 놀이터
엄마 몰래 빨랫감 가져가면
널따란 자리 하나 슬쩍 내어주었네
손수건 양말 물살 따라 흔들어대면
적삼 소매에 갇혔던 비누 거품
흰 구름으로 일어났었네

해 저무는 줄 모르고 물하고 놀았더니
꾸중 들을라
퉁퉁 불은 손으로
서둘러 빨래를 담으면
손등에 노을이 내려와 앉았네

이제 내가 노을이 되어
나무판자로 덮인 한내 언덕
냇물은 멈출 듯 고요하고
벚나무가 위로하듯 따라오는데
어머니 날 부르는 소리, 가슴에 고여
자꾸 뒤돌아보네

벚꽃길을 걷다

—진해에서

함께 피며 함께 지며
연분홍 터널 속을 너와 함께 걸어왔네
한내 언덕 촘촘히 선 벚꽃나무가
우직하니 꽃길 지켜주고
한바탕 웃음을 선물하네
검은 장대비 회초리도
고스란히 받아 삭힌
고달픈 그의 봄맞이는
내 머릿속처럼 텅 비어 희어진 것일까
길고 험난한 세월을 딛고
딱 벌어진 몸집
짧고 긴 가지에 흐드러지게 핀 꽃 고마워
두 팔 벌려 끌어안으면
머리 위로 내려앉는 하얀 가슴앓이
명지바람에
눈이 내리네
꽃비 내리네

장복산을 오르며

한적한 오솔길에
키 낮은 풀꽃들이 아장아장 걸어 나온다
덤불에 걸려 넘어져도 고개를 들고 웃는 타래난꽃
젖내 같은
산의 향기가 뼛속 깊숙이 스며든다

산까치 산꿩의
목 푸는 소리에 산의 귓청이 흔들린다
바위와 나무와 산새가 사는 동안
산은 외롭지 않을 터

헛발을 디딜까 정신을 놓을까
비바람에 드러난 뿌리를 껴안으며
온갖 풍상을 끌어 안고
벌레와 잡풀과 꽃을 키워내는
산(生)부처

깊은 계곡에 폭포수가 쏟아지는
산 하나
내 가슴에 옮겨 심을 수 있을까
낮 꿈이 혼자서 푸르다

제3부 날으는 무늬

낮 달

막막한 오후
혼자서 먼 길을 가는 그녀

텅 빈 하늘에 흐릿한 이름 하나
몰래 찍어 둔 눈물의 낙관

혀

입속에 숨어
소신도 뼈도 없이 사는 듯하지만
스스로도 어쩌지 못할
맹독을 품고 있네

천냥 빚을 갚은 날보다
누군가의 영혼을 벤 적이 더 많았던
피 묻은 칼 한 자루

섬뜩!
마음의 뿌리에 닿아 있네

봄을 물들이며

거울 속을 건너다 보며 빗질을 한다
세월의 밀물이 쓸고 간 자리
흰 머리칼 몇 올 어깨 위에 드러눕는다

참빗질 사잇길로
어머니 곱고 따순 손길로 다듬어 온
윤기 흐르던 머리는
어느새 밑이 환히 들여다보인다

아이들 키워 한 살림 두 살림 내어주고
돌아볼 겨를 없이 숨가쁘게 달려오느라
하얀 가르마 길
넓어가는 줄 몰랐다

된바람 잘 날 없는 억새밭
저 반짝이는 슬픔 위에
먹물 들이면 봄 같은 시간 돌아올까

찬란히 핀 서리꽃
뉘 고운 손 있어 올올이 빗어 주시려나

새벽종이 웁니다

귓바퀴에 녹이 슬어도 어찌 놓치랴
하늘의 전갈을
두 손 포개어 받으면
어제보다 빛나는 생각들
뭇새들의 지저귐
꽃들도 이슬 속에서 맑게 피어
종소리가 실어 온 한 수레 새벽
거친 삶의 파도를 타는 걸음걸음에
자개바람을 매달을 순간입니다
밤 내 먼 길을 신고 와
하루의 시작을 알리는 새벽에게
가슴을 치며 종이 웁니다
맞이할 오늘이
살풋이 꽃잎처럼 열리는
여명의 하늘이 활짝 두 팔을 벌립니다

이름을 접다

시집온 그날부터 형님은 나를
"동서"라 불렀다

아이들이 태어나고
이웃 사람은 큰아이 이름 붙여
"흰별 엄마"라 불렀다

시어머니는 생전에 곧잘
"아기야" 하셨고

아이들이 커서 출가하고
이웃 어른들은
"진해댁"이라 불러준다

이제 손녀들이 나를 부르는 소리
"할머니"

아무도 기억해 주지도 불러주지도 않지만
너무 많아 자주 잃어버리는
나, 내 이름

날으는 무늬

—비문증飛蚊症

넉넉한 가벼움이 저런 것일까

삭막한 벼랑에도
떨어지지 않고
잡히지 않고
지워지지 않는

눈 밖인 듯
눈 속인 듯
맴도는 얼굴
내 사랑 같아

흐린 눈빛 한 올씩 뽑아
마음의 틈 한 땀 두 땀
꼼꼼이 깁는다

마른 눈물 방울방울
수繡를 놓는다

수繡틀 속 연못

물빛이 팽팽하다
붉은 수련 물풀 몇 가닥
돌절구통에 석란도 심어
작은 연못을 꾸민다
금붕어 두 마리가 살랑살랑 꼬리를 치고
이끼 빛 수실이
물 밑 적막을 흔들어 깨운다
연잎 방석 위에
한번 수틀을 잡고 앉으면 삼복더위도 저만치
초여름 풍경의 삼매 속으로
햇살이 오색 빛을 튕기고
금붕어의 숨소리가 물 위에 동동 뜬다
연못 목에 심은 애기 맥문동
초록빛 레이스가 간동거린다
지금 막
한 송이 세상이 피어나고 있는 중이다

산사에서

세상의 분주다사를 가까스로 비껴
노송과 함께 그윽이 자리 잡은 절 집
나무와 바위와 물을 벗 삼아
보채는 바람도 잠재우는

기와 깊은 골에 이끼가 푸르고
굵은 배흘림기둥에
시간이 빗금을 그어대고

뭘 하러 왔느냐
부릅뜨고 쳐다보는
관음보살의 찢어진 눈앞에서
자라 같은 양심의 모가지
옷 속으로 움츠러든다

법당에 홀로 타는 향불처럼
구름은 돌아보지 않고 또 흘러가는데
만져질 듯 가까운 저 하늘에게 새삼
마음 빼앗기는 오후

덫

틈틈이 곳간을 열고 들여다보면
찢어진 푸대가
나락을 흘리고 있다

보이지 않는 틈새를 더듬어
흔적을 쫓아가 보지만
고요와 어둠을 타고 드나들던
도둑들 보이지 않고

낟알이 끌려간 흔적마다
현대식 초병 찍찍이 다섯을 배치했다
이틀 만에 떼거리로 덫에 걸려
숨이 끊긴 골무쥐들

푸른 나무 밑에 그들을 묻으며
찐득찐득한 내 삶의 어둠을 돌아보니
아! 다른 덫에 붙어 있는 내 발목
절박했던 날들이 찍찍
비명을 지르고 있다

은침 자리

미끄러지면 또 오르고
수련 잎 한 장과 종일 실랑이를 벌이는
고추잠자리
벌떡벌떡 저 혼자 숨이 찬다

가까스로
젖은 몸 말려
훨훨 날아가는
날개의 힘이 햇살에 반짝인다

타일 바닥에 대大자로 넘어졌던
그때, 그날,
얼마의 시간이 저 혼자 흘러갔던가
뒤통수에 피어오른 흑장미 한송이

삶은 다만
살아 있음에 아름다운 선물
상처의 은침 자리
비밀스레 꼭꼭 눌러본다

요절한 사랑
—동백꽃

동백나무 아래 떨어져 누운 꽃송이, 송이들
아직 체온이 감돌고 있다
바람이 그어 놓은
다홍빛 상처

이 계절 미치도록 날고 싶어
죽었다 깨어나도 이길 수 없던,
순간을 살다 간
화려한 목숨이여

그리움이 클수록 눈물이 많은 시절
발밑에 뛰어내린 사랑을
아프게 바라본다

요절한 내 사랑
난 언제 꽃이었던가 꽃이기나 했던가

물방울 유리 서진

먹물로 빚은 이파리
길고 짧은 획
생생한 숨결에 날릴까
꼭꼭 물방울이 밟고 선다

붓 끝에서 터져 나오는 비명을
어르고 달랜
신信과 망望과 애愛

달빛 묻은 화선지 위
조심조심 옮겨 심은 대나무 한 포기

발아래 무성한
침묵의 섬

천천히 스며든 묵향으로
서걱거리던 댓잎도 고요하고
흔들리는 마음
가까스로 수평이다

혼자 걸어도 혼자가 아닌

고요한 들길을 혼자 걸으면
누군가 말한다 넌 홀로가 아니야
나비처럼 사뿐한 마음이 풀잎과 나무와
마른 언덕과 더불어
묵주기도 드리면 어느새
성모님도 내 곁에 와 계시다
기도 소리 바람 따라 흩어지고

달팽이의 느린 행보나
참새의 벗은 작은 발이라도
멈추지 않고 가고 있는 것들
아픈 곳에 고이는 따스한 웃음처럼
바스라진 나뭇잎이 향기를 품어내듯
가까웠다 멀어졌다

보이는, 보이지 않는 의미들을
꼭꼭 씹으니
나는 지금 혼자 걷는 것이 아니다

빈 집

산자락 깔고 앉은 날개집
독거노인처럼
저 홀로 늙어간다
찬바람만 가득한 부엌 아궁이
한때 활활 타오르는 뜨거운 불길은
이제 차갑게 식었다

암벽을 타듯 기어오르는 왕거미
닫힌 방문 ㄱ자 홈에
그물을 치고 빈집을 지키고 있다

도린곁 잿간에 걸린 망태기
겹겹으로 먼지를 뒤집어쓰고
스스로 갉아 비워내는 집
화방벽 쩍쩍 갈라진 금
이마에 쭉쭉 홈을 파는 내 주름살처럼

이 집 앞을 지날 때마다
나도 빈집이라
시린 바람이 무작정 밀고 들어온다

귀가 돋는다

귀머거리 일년
이비인후과에서도 포기한
귀의 적막이 어금니를 흔든 것일까

치과에서 턱이 아프도록 허공을 악물다 놓으니
여린 소리 하나가 가만가만
귓속을 간질인다
고목에 새순이 돋듯 내 귀가 살아난다

열병 끝에
버스 클랙슨도 돌려세우던
캄캄한 내 귀,
막힌 터널을 뚫고
구불구불 달팽이관을 돌고 돌아
오른쪽 귓불에 날아든 바람, 소리,

파릇파릇 귀가 돋는다
소리의 새순이 돋는다

다시 세운다

거실 바닥을 다시 깔고
천장을 고치는 망치 소리
이십여 년 옹이로 박혀 있던
뼈마디의 울음이 자락자락 떨어진다

헐고 새로 짓는 게
어디 집뿐인가
콩팥 속 똬리 튼 바윗덩이 애써 쪼아내고
눈씨 흐려지니 돋보기로 받쳐주고
귀맛조차 떨어져 물어보고 또 물어본다

절뚝이며 절뚝이며 아프게 지구를 끌고 가서
내 논리를 받쳐주던 입 안의 기둥들도 새로 끼우고
훈김 나도록 나를 수리한다

건물이나 사람이나 그냥저냥 사는 건 서글프다
갖가지 전문가를 만나 고치고 다독이며
힘드네 죽겠네 하는
마지막 계절 겨울을 앓는다

시를 캐고 있어

층층시하 수발하느라 해종일 젖었던 손
허접한 생각마저 돌아볼 틈이 없던 날
논으로 들며날며 두렁 가 풀잎한테 배웠어
스물네 시간이 모자라
허공도 다 잡아 쥐었던 세월
시부모 산천에 눕히면서
새참 입맛을 다시던 콩새도 날려 보내면서
덧없이 가을이 가고 겨울이 오는 것이었어
닳고 닳은 마른 뼛속
갈대의 울음에서
관절이 통통 부어오르는 그 삶의 자락마다
글썽거리는 별과 깊은 하늘이 연인처럼 와 닿을 때
먹구름 일고 찬비 내리던 삶을
날리는 듯했어
햇살은 나비처럼 날아 온몸을 녹여주고
음표도 없이 부르는 새들의 노래를 끌고
갓 태어난 아기처럼
그가 조용히 나를 향해 걸어왔어

수박즙을 내며

잘 익은 수박 한 덩이
강판에 갈아 거르기천에 받친다
상큼한 수박향, 마음에 발갛게 물이 든다

수박은 제 몸에
단물과 향을 품고 살았겠지
스스로 제 목을 축이며 살았겠지

초여름 밤
뜰 앞에 별 지는 소리
어둠과 불면을 갈아 만든 내 시가
누군가의 목마름을 적시기는 할 것인지

한잔의 붉은 고혈을
시가 빠져나간 내 빈속에 들이붓는다

뿌 리

맷돌로 칼날로
오직 나만을 위해
평생을 노동하던
기둥
그 중심이 썩어 버렸네
오복 중의 하나인 입 안의 대들보가
무너져 흔들리네

봄나물의 향기조차 씹지 못할까
시의 힘으로 다시 세울 수 있다면
나 다시 입 벌리고 싶네

구걸하듯 시어詩語 하나에 매달려
초라한 내 시詩밭에
기둥 하나
튼튼하게 다시 세우고 싶네

눈이 내리네

옹이 지고 굽은 나무에도
하늘하늘 내려
함박꽃 송이송이 피어나네
회색 구름 속을 서성이던 백로 한 마리
지친 듯 지친 듯
논바닥에 내려앉는데

순백의 향기
저 눈 속의 영원한 말씀
빈 항아리 같은 대지에
차곡차곡 쌓이네
귀를 열어 놓고 기다리지 않으면
스쳐갈 말씀들이

산골짜기나 폐품 더미나
한 번 발붙이면 그 자리 떠날 줄 모르고
자기를 시나브로 소멸시키는
아직도 나에겐 슬픔인
눈, 저 백색의 온전함이여

매화가 피었다

허리 휜 매화 한 그루
몇해 전 붉은 꽃가지를 접붙이기했더니
살얼음 새벽
아침밥을 짓는 나에게 꽃 몇 송이 불쑥 내민다
지난여름 따가운 볕살
세찬 바람에
얼마나 마음을 갈고 닦았는지
하양 빨강 꽃자루에서
퍼내는 향기
툭툭 날개 치며
잔설을 털고 날아오른다

시를 가슴에 접목시킨 지 몇 년인가
갈래갈래 쏟아내는 피의 꽃이파리
지독한 외로움이 축복인
한 권의 시간
날숨 하나 영혼의 디딤돌 되어
아슬랑아슬랑 꽃길 열고 있다

제4부 스물다섯 이후

녹차를 마시며

오월의 푸른 살점
찻잔에 앉히고
불구덩이 강을 건너온 삶
천천히 우려냅니다
우리들의 이야기에 귀 기울이는
저 찻잎의 파랗고 여린 귀
마주하고 앉은 눈빛의
온후함이여
찻잔을 사이에 두고
안부를 물으며 나는
그대를 따르고 그대는
나를 마십니다
당신의 고통스런 말씀에
온몸 파랗게 물듭니다
까치발로 창밖을 지나는
바람의 발소리
향기롭습니다

여뀌의 나들이

"할머니 선물"
아홉 살 손녀의 손에 한 움큼
개망초 서너 송이와 토박이 여뀌가 들려 있다
곧은 줄기에 다닥다닥 피워낸 저 붉은 꽃의 딱지들
책상 위 유리컵에 꽂아 놓으니

나흘이 지나도 여전히 고운 때깔
그늘의 서러움을 한껏 녹이고 있다

행여 밟힐까 뽑힐까 노심초사하던 마음
피가 흐르도록 몸을 긁어대는
딸의 병을 바라보던 그날이
어미의 가슴에 살며시 다가온다
오진의 약을 먹고
얼음덩이를 굴려도 끌 수 없었던 꽃불
영락없이 여뀌의 몸이더니

저 작은 꽃그늘이
늦여름 이토록 속 달일 줄이야

피아골이 울었지

왜바람이 피리를 불고
내리갈기는 고사포 빗줄기를 두들겨 맞고
종이배처럼 물에 사람이 띄워졌다던,
오늘 그 골짜기를 오르니 숨이 턱에 닿는다

천둥 울음 깊이 삼킨 산
수풀이 우거져
대낮인데도 방향을 모르겠어
영겁으로 들어가는 길목인지
잡초 속에 있는 듯 없는 듯 자라 있는

털중나리 타래난꽃 범부채 술패랭이꽃 삼백초

6 · 25 때 공비들 소탕 작전에
사형査兄도 경찰대로 출전했다가 전사한 곳
젊은 혼령들 올올이 꽃으로 피었는지 몰라

한 번 태어났다
한 번은 죽는다는 것 진즉 알았어도
생각에 잠긴 듯

불효의 한을 품은
크고 작은 풀꽃들
지난날 피비린내 삭힌 풀잎 나무들
마디마디 짙은 풀내음 가슴에 담고
해거름에 산문을 나설 뿐이네

스물다섯 이후

그날 밤 꿈이 뒤숭숭하셨다더니

북녘 포로수용소에서
피 묻은 소식 한 장 날아들었단다

산산이 부서진 스물다섯 나이
온 집 안엔 웃음꽃이 뿌리째 뽑혀지고
어머니는 시들부들 화병에 쓰러졌다

오래된 상처라 말끔히 아문 줄 알았는데
그때 어머니 나이가 된 지금
느닷없이 저려오는
핏물 고인 가슴

속절없이 늙어버린 내 설움에
버릇처럼 사진틀만 닦고 또 닦으면

빛바랜 사진 속
볼이 붉은 오빠가
나를 보고 오래오래 웃고 있다

만두를 빚다

온 식구가 만두를 빚으면서
누구 것이 예쁜지 부산을 떨던 오후

촘촘히 썰고 으깬 채소와 고기를 폭 싸잡을,
치댈수록 차진 밀가루를 반죽하며
인생도 이렇게 비비고 치대야 찰져지는 것이라고
썩 괜찮은 피皮가 되는 거라고

한낮의 열기가 어느새 빠져나가고
뜨거운 멸치 국물에 두둥실 달이 뜬다
하현달 만두 한 대접에
흩어졌던 가족이 모처럼 뜨겁다

식물, 인간

미친 트럭 한 대가
한 분뿐인 내 오빠를 덮친 지 세 해

사랑하는 사람들은 모두
기억 바깥에서 서성이는데
길고 긴 잠
누가 저 눈꺼풀의 족쇄를 풀 것인가

과거도 미래도 어디론가 빠져나가고
적막이 캄캄한 가슴에 고여
불러도 불러도 묵묵부답

눈의 필라멘트는 떨어졌다가 붙었다가
한평생 닦아 끼워온
이승의 고리가 흔들리고

누구도 들어올리지 못한
천근의 눈꺼풀
세상에서 가장 무거워

외출 나간 영혼은 오늘도 돌아오지 않는데

옛집을 찾아

한내 언덕 대문 앞 한 줄로 도열한 벚나무
얼마나 좋아했던가

예닐곱 소꿉놀이 친구들 간데없고
고요하다 고요하다
뒷산 산비둘기 여전히 쉰 울음
툇마루에 더께더께 쌓이고

낯선 새 한 마리 가지에 앉아
수상한 내 행적을 살피네

내 시집가던 때에 걸음마하던 그 벚나무
어느덧 헌헌장부로
넓은 품을 벌리며 반기는데
자꾸만
꽃잎 같은 눈물 한 닢 내 눈앞을 가리네

말의 화살

I

눈을 감아도 그의 빈자리가 보인다

차를 몰고 달리는 해거름 농로 저녁 햇살 수십 개가
그의 눈동자를 향해 시위를 당겼던가

퍼석!
무언가 타이어에 감겨들었다 싶었는데 오토바이와
할머니가 튕겨져 나가 논두렁에 나동그라지고, 뒷바퀴
에 걸린 할아버지 그 자리에서 절명했다
순식간에 일어난 사고에 마을 사람들이 둘만 모여도
웅성거렸다

한 사람의 목숨 값으로 그는 동네의 과녁이 되었다
튀밥처럼 튀겨낸 말 말 말의 화살이 턱턱 그의 가슴
에 박혀 들었다

II

사면이 밀폐된 한 평의 면회실
한쪽 유리벽 아래 핸드폰만 한 마이크, 전파를 타고

빠르게 내 온몸에 와 꽂힌다

식사도 집보다 좋고 따뜻하다고!
무심하게 와 닿는 그의 말 온몸에 뜨거운 핏물이 고인다

탄 생

세상으로의 첫나들이

뜨거운 햇덩이 하나
어미를 벗어나
첫울음을 터뜨린다

두 주먹은
다짐하듯 허공을 꼭 쥐고
까만 눈망울
초롱초롱
한 아름 꽃다발이다

어미 몸에서 방금 솟아 오른
오로지 한 송이 꽃
첫 숨도 새벽처럼 고요하다

궁 합

찰떡궁합
쑥갓에 대합을 넣고 끓인 국
혀를 감고 속이 당긴다

상큼한 향기가 피어오르는
뜨거운 동행이다
국물 한 숟갈에
얼어붙은 마음이 풀린다

대합이 토해낸 갯내음
푸른 파도의 무늬를 새긴 껍질 속
지켜온 젖살이 우려낸
뽀얀 국물에 새파란 잎사귀

사는 곳이 분명 다른데
대합과 쑥갓
바다거나 땅이거나 그들의 아기자기한 전생이
한 상에 나란하다

죽 순

삶의 현장은 어디나 싸움터였다

갑옷처럼 대껍질을 포개 입고
바람의 울음이 늘 출렁이던 대밭
발치의 죽순을 자르니
진저리치듯 대쪽들이 몸을 떤다

질긴 껍데기를 한 장씩 벗기니
오동통 부드러운
하얀 모란 꽃빛살
마디마디 음을 가둔 소리의 방

곧은 어미의 성깔을 빼닮은 어린 죽순을
뜨물에 보글보글 삶아 우려낸다

도마 위에 놓고 저민
노르스름한 어린 울음을
한 접시 식탁에 올려 놓으면

구들장만 한 돌을 밀어 올리던 어린 장사
힘센 추억 하나 꿈속에서 돋아난다
울타리로 선 대나무 숲이
저녁 내내 시비걸듯 서걱거린다

농사를 짓다

묵정밭이다
치번는 잡초들 베고 괭이질하며
풀뿌리 파낸다
흙덩이 툭툭 깨며 쉴새없이 땅고르기
두렁치기하며

시의 밭을 일으킨다
하늘과 나 사이에 온통
시의 씨앗들 아닌가

푸른 숲에는 하릅비둘기 소리
바다에는 풀치 번득이고
들에는
무거운 흙을 밀고 일어서는
고운 풀잎
풀거미들이 풀숲에 줄을 친다

시의 골에 북을 돋우며
끙끙 앓는 마음 밭에
몹쓸 방동사니 명아주 개망초들 캐어낸다

해마다 짓는 적자인 농사
소출은 없지만 오늘도 땀을 흘린다

가을볕에 말린다

콤바인 속으로 황금 물결이 빨려든다
사부랑거리는 햇살 알알이 거두어
새지 않게
마대 입을 꽁꽁 묶고

지친 허리를 펴고 숨을 돌린다
태풍을 지나 병해충을 이기고
뿌린 만큼 돌려주는 흙의 정직함
이제 아주 믿어도 될까

가을 해 넘어가는 논두렁 가
어머니 눈물 묻은 손수건처럼
억새풀 흔들리는데
화려한 문명 앞에 들녘은
해마다 줄어들고

벼룩의 간까지 말린다는 가을볕에
젖은 내 시심을 열어 말린다
감꽃처럼 차꽃처럼 열매 맺고 꽃 피어
누군가의 가슴에 출렁였으면

꿈을 먹는 연이와

교대 근무로
밤낮을 바꿔가며 사시는 아빠

오늘은 밤에 출근하는 날
낮 동안은 아빠가 선생님이다

—산 위 해오름 그리고 (朝) 하루하루 새롭게 살자 한다
—팔다리 움직이는 몸 (體) 튼튼하게 하고
—두 팔로 머리에 손 얹어 하트를 그리면 (通) 서로 마음이 오가고
—친구와 마주 보고 웃으면 (親) 더욱 가까운 사이

아빠가 가르치는 세상을
쓰며 외우며
어린 딸의 그림 카드는 늘어만 가는데

이제 그만 출근하라고
저녁 어스름이
서둘러 달려온다

긴 세월 외길로 오셨습니다
—창원대학교 조오순 교수님 퇴임에 붙임

임은 등대였습니다

길을 잃고 방황하는 젊은이들에게
어지러운 한 시대를 밝히는
길잡이였습니다

오직 사랑으로
세상의 이치를 일깨워
시들지 않는 희망의 열매를 달아주었습니다

명징한 말씀과 올곧은 모습으로
빛나는 상아탑을 쌓아
내 자식 같은 꽃들
뿌리가 한없이 튼실합니다

꽃 한 다발에
마음과 사랑을 담아 올립니다
흘린 땀과 정성에
감사와 존경을 드립니다

굳은살이 박힌 손으로
일구어낸 푸른 정신은
오래오래 빛날 것입니다

들 꽃

—세라피나 수녀님께

종일 하늘을, 하늘만 읽는
들꽃, 그녀

하얀 부채살에 매달린
마음 밭에
믿음의 뿌리 실하게 내리나보다

아무것도 가지지 않아도
햇살처럼 환하게 웃고
쓰러지면 다시 일어나
이 땅의 가엾은 영혼들
마중 나온 꽃

잎사귀 사이로 내리는
반짝이는 사랑의 말씀
하늘하늘 바람이 뿌려준다

낙 타

—김은희 여사님께

모래알같이 많은 말
말만큼 많은 일
세상은 온통
사막이었다

모래 바람 뚫고 쌍봉낙타는
하늘의 말씀 가슴에 안고
버거운 삶을 한 짐 등에 짊어지고

수렁에 빠진 발목
등골에 진땀이 고이던 힘든 시절 건너
이제 팔순을 바라본 앞에

쇠약하고 마른 몸이 소담스레 피워 올린
사막의 꽃 꽃
그 삶이 부러워

나도 시의 혹 하나 가슴에 붙여
숨 가쁘게 끌어안고 밤낮으로
무릎 꿇는 연습을 한다

압화에 담는다

—레나테 홍 할머니의 망부가에 붙임

'영원히 사랑한다'

연꽃잎 두 장
눌려 말린 세월을 가슴에 간직한 지
마흔 너덧 해
꺼내어 보고 또 보는 사이
도도한 슬픔만 생화처럼 살아 있네
여린 분홍 꽃잎이
살아가는 힘을 실어주었다네
이제는 마음 달래어봐도
어쩔 수 없이 무거운 나이
싱그러웠던 이별
평생을 마음 안에 키우고 가꿔 온
노을빛, 가난한 사랑
그대는 참으로 아름다운 사람
먼 이웃의 전갈 위에
쓸쓸한 마음 한 자락 덮을 뿐이네

투병의 계절

—돌아가신 이상희 교장님을 생각하며

돈냉이와 케일 돌미나리
들판 하나를 몽땅 갈아
그녀, 그대 앞에 놓네

녹즙조차 삼키지 못하는 몸
푸른 것들의 뼈가 목구멍에
가시로 걸리는지

혈관을 타고 돌며
반란을 일으키는 항암제
무겁게 짊어지고 온 한 생의 자루를
엎어 누르네

눈부신 오월
그 싱그러움조차 이미
감당하기 버거워

처진 왼 어깨로 먼 길 떠나는 그대는
올곧게 살아온 한 마리 학이시네

마지막 가는 길
—큰언니를 보내면서

삯바느질로
가난을 기워내시던 싱거발틀
분신처럼 닦아주고 기름칠하던
큰언니

하느님이 내리신 일이라며 항시
부지런에 부지런을 겹쳐 깁더니

손수 지으신 흰 무명 수의壽衣 날개처럼 입으시고
날빛보다 눈부셔라 투명한 새로 날아가셨네

한 죽음을 슬퍼하는지 벚꽃들
실바람에도 뛰어내리네
장의차가 달리는
아스팔트에 꽃구름 찬란하네

사월의 긴긴 햇발의 향
하늘땅이 베푼 넉넉함이여!
영원한 여행 길에 새들이 노래하고
언덕배기 민들레 제비꽃 철없이 웃네

나의 아침

동녘 하늘가에
불덩이 하나 굴리며
서서히 다가옵니다

이슬 속에서 풀잎은 더욱 푸르고
꽃은 비로소 꽃의 빛깔로 영롱합니다

그러나 나의 아침은 아직 오지 않습니다

한길 속이 보이지 않는,
천년 어둠이 덮인 캄캄한 가슴
이제사 살며시 열고 들어와
기어이 내 무딘 발걸음을 재촉하는

시의 혼불 한 점

황혼 길에
활활 나를 태웁니다

경남시인선●120

여뀌의 나들이

송연우 시집

초판 인쇄 | 2008년 9월 8일
초판 발행 | 2008년 9월 12일

지은이 | 송 연 우
펴낸이 | 오 하 룡
펴낸곳 | 도서출판 경남
631-430 마산시 서성동 66-18
☎(055) 245-8818~8819
FAX(055)223-4343
http://www.gnbook.com
e · mail:gnbook@empal.com
등록 제2호(1985. 5. 6.)
편집팀 | 오태민 | 심경애 | 구도희

ISBN 978-89-7675-514-8-04810
〔값 8,000원〕